Impressum

1. Auflage 2022

64625 Bensheim-Auerbach, Am Höllberg 25
Kontakt: mailbox@karin-redecker.de
Twitter: https://twitter.com/KarinRedecker
Facebook: www.facebook.com/pages/K.B.Redecker
Website: www.karin-redecker.de
Titelbild: Pixabay und KBR
Layout: Karin B. Redecker
Fotos: Pixabay und KBR
Korrekturen/Lektorat:
korrekturen.de, Julian von Heyl

Herstellung und Druck über tolino media GmbH & Co. KG,
Albrechtstr. 14, 80636 München. Printed in Germany.
Fragen zu Produktsicherheit an: gpsr@tolino.media.

Lyrisches Garten-geflüster

Buchbeschreibung:

Manch einer, der so gerne wie ich im Garten arbeitet, spricht auch mit seinen Pflanzen. Verrückt, was? Aber hat nicht jeder von uns einen kleinen Spleen? Wer einen Garten hat, weiß, wovon ich rede.

Meine Leidenschaft ist schon seit vielen Jahren das Gärtnern, das ich immer, wenn mir die Arbeit über den Kopf wächst, als wahre Erholung in meinem Alltag dazwischenschiebe. Für mich ist es wie meditieren und ich empfinde es als unglaublich erholsam. Kleine Pausen werden natürlich auch immer mal gemacht, besonders, wenn mir das Kreuz wehtut, oder ich mal außer Puste gerate. Denn Gartenarbeit kann durchaus als sportliche Betätigung angesehen werden. Zum Ausruhen setze ich mich auf unsere Bank und lasse zufrieden meine Blicke über den Garten schweifen. Das inspiriert mich oft zu Posts auf meiner Facebookseite, die Ihr unter dem Namen »Karins Books & Flower Power« findet und die vielleicht der eine oder andere von Euch bereits kennt. Hier berichte ich von Pflanzen und lasse auch mal ein Gedicht von mir einfließen.

Inzwischen gibt es bereits zwei Gedichtbände von mir und einige Romane, die alle im Handel erhältlich sind. Für all das gibt mir der Alltag die nötigen Inspirationen.

In diesem Gedichtband habe ich mich einmal nur dem Thema Garten gewidmet, denn hier liegen die Verse sozusagen im Beet!

Also, liebe Gartenfreunde, macht mal Pause von der Arbeit und lest meinen poetischen Streifzug durch den Garten, der Euch hoffentlich auch Freude macht.

Eure Karin B. Redecker

Über mich

Ich absolvierte eine Verlagsausbildung bei einer bekannten Frankfurter Tageszeitung.
Viele Jahre lebte ich in Italien und habe hier mit dem Romanschreiben begonnen. Zuvor war ich lange Zeit Redakteurin im eigenen Verlag, den ich gemeinsam mit meinem Mann geleitet habe.
Am Lago Maggiore habe ich einen sehr großen mediterranen Garten angelegt. Es wurde ein traumhafter Garten. Aus dieser Erfahrung heraus, habe ich es hier an der Bergstraße gewagt, viele der mir bereits bekannten mediterranen Pflanzen anzusiedeln, und das mit recht gutem Erfolg.

Wer mehr über mich als Autorin erfahren möchte, ist herzlich eingeladen, meine Homepage

www.karin-redecker.de

zu besuchen.

Das komplette Inhaltsverzeichnis finden Sie ab Seite 103

Gartenliebe

Wer Pflanzen liebt und frische Luft,
Der mag auch gerne Blütenduft
Wer schmutz'ge Finger niemals scheut
und sich über jede Knospe freut,
wer gerne in der Erde wühlt
und dabei große Freude fühlt,
weil etwas wächst, blüht oder duftet,
der weiß genau, warum er schuftet,
denn das ist eine Prise Glück,
vom Paradies ein kleines Stück.

Der Frühling

März, April und Mai

Für viele ist der Frühling die wunderbarste Zeit des Jahres. Dann wird der Garten wieder lebendig und die Gartensaison fängt von vorne an.
»Und jedem Anfang wohnt ein Zauber inne«, sagte einst Hermann Hesse und drückt damit genau aus, was den Frühling so zauberhaft macht. Der neue Lebenszyklus beginnt. Die Lebensfreude erwacht und die Natur lebt wieder auf!

Die Schnecke

Die Schnecke schaut nur kurz heraus,
geht schnell zurück ins warme Haus.
Sie hat sich in der Zeit geirrt,
was sie nun wirklich sehr verwirrt,
weshalb sie schnell ihr Haus verschließt
und weiter schläft, bis's wieder sprießt.
Sie dachte, weil's so mild im Garten,
da wollt' sie halt nicht länger warten.
So ist sie viel zu früh erwacht.
Sie gähnt und wünscht sich selbst:
»Gut' Nacht!«

Der Februar

Der Februar kommt, wie jedes Jahr,
meist trüb und kalt und unscheinbar.
Zum Glück ist er dann immer kurz,
deshalb ist er mir ziemlich schnurz.
Doch wenn er geht, dann freu ich mich,
dann kommt der März, den liebe ich,
weil dann schon alles sprießt und keimt.
Ich sag's euch nur, weil es sich reimt!

Das Warten

Die Sonne scheint, 's ist knackig kalt,
und dennoch kommt der Frühling bald.
Ich seh es an den neuen Trieben,
die sich schon in die Höhe schieben.
Tulpen, Iris, Hyazinthen, auch die im Schatten,
die steh'n bei mir in den Rabatten.
Die werden wohl als erste blühen,
denn sie gehören zu den frühen.
Ich freu mich drauf – mach's so wie ich,
dann kommt der Frühling auch für dich!

Grau

Noch ist es grau, die Bäume kahl,
die Sonne macht sich rar.
Doch warte nur, ich spür es schon –
der Frühling ist bald da!
Die ersten Knospen sind schon dick,
die Tage werden heller.
Ich habe alles fest im Blick,
vielleicht geht es dann schneller.

Frühling

Der Frühling kam grad hier vorbei,
ich fühlte mich gleich herrlich frei
»Da bist du ja!«, rief ich erfreut,
und hab gleich Samen ausgestreut.
»Bleib hier und geh nicht wieder fort,
ich mach's dir schön an diesem Ort.
Heut Nacht hab ich von dir geträumt,
und gleich die Terrasse aufgeräumt.
Ich bitte dich, bleib einfach hier,
damit ich nicht noch länger frier.«

Endlich!

Endlich ist es wieder schön,
könnt' ja in den Garten geh'n.
Aber Beine und der Po,
wollen das nun gar nicht so.
Sitzen fest im Sessel hier,
haben einfach kein Pläsier,
sind erlahmt, etwas geschunden,
ich glaub, ich schlaf noch ein paar Runden!

Faul

Ich nehm grad meine faulen Tage.
Les viel, lieg rum, und zu mir sage:
Wenn's wärmer wird, werd ich mich regen,
die Wege, die Terrasse fegen!
Werd bald mal auch den Garten checken,
denn dort keimt's schon in allen Ecken.
Ich muss noch viele Stauden schneiden,
um mich später an ihnen zu weiden,
am Duft der Blüten und der Farben,
dann muss ich zudem noch etwas graben,
denn Unkraut hat, welch Niedertracht,
sich überall schon breitgemacht.
Und wenn der Garten wieder schick,
hab ich entspannt ihn voll im Blick.
Leg mich zufrieden auf die Wiese,
les viel, lieg rum und ich genieße!

Wetter

Draußen trüb, kein Sonnenschein,
wie soll ich da denn happy sein?
Ich brauche Licht, ich brauche Sonne,
drum hau ich's Wetter in die Tonne
und hol die Sommerbilder raus,
vertreib die Schwermut aus dem Haus.

Eigentlich …

Eigentlich müsste ich raus in den Garten,
wo tausend Unkräuter auf mich warten.
Eigentlich sollt' ich mich mehr bewegen,
ach, werd' mich lieber auf die Liege legen.
Eigentlich wär' doch der Keller aufzuräumen,
doch lieber bleib ich hier am Träumen.
Eigentlich frag' ich euch zaghaft,
sagt man nicht: »*In der Ruhe liegt die Kraft?*«

Gartenzeit

Die Jahreszeit zeigt ihr Gesicht,
es blüht an allen Ecken.
Der Garten ruft: »Komm pflege mich!«,
der Dünger will aus seinen Säcken.
Da werd ich wohl zum Rechen greifen,
mir erst die Handschuh überstreifen.
Und los geht's mit dem Gartenjahr.
Bind noch ein Band ins blonde Haar
und bin sogleich perfekt startklar:
The same procedure wie jedes Jahr.

Links und rechts

Links und rechts seh ich es blühen,
seh, wie Pflanzen sich bemühen,
Blütendüfte mich umwehen
und ich bleib begeistert stehen.
Schau die Farbenpracht mir an,
geh manchmal ganz nah heran.
Der Wind, der streichelt meine Nase.
Sitzt da nicht der Osterhase?
Ach, es ist nur 'ne Steinfigur,
neben 'ner alten Sonnenuhr!
Ruft der Nachbar: »Frohe Feiertage!«
Ich sofort nun »Gleichfalls!« sage.
Schau ihm lächelnd ins Gesicht,
schreib gleich drauf dieses Gedicht.

Der Duft

Es liegt ein wunderbarer Duft,
bei uns im Garten in der Luft.
Er kommt von leuchtend gelben Blüten,
in denen schon die Bienen wüten.
Es brummt und summt hier in den Pollen,
die Immen schöpfen aus dem Vollen.
Wenn die Mahonien ihre Blüten zeigen,
sitzt manch Getier schon in den Zweigen.
Was ist die Natur doch so grandios,
es ist hier immer etwas los!

Frühlingswind

Ich atme ein, ich atme aus
und bin ganz still in mir zu Haus.
Ich spür, wie Frühlingswind mich streichelt,
der Blüten Duft mich zart umschmeichelt,
seh Insekten in der Sonne tanzen,
und allerorten keimen Pflanzen.
Der Winterschlaf ist bald vorbei,
ich wünsch die warme Zeit herbei.
Dann kann ich wieder draußen träumen,
stell meine Liege zu den Bäumen,
atme langsam ein und aus,
und fühl mich glücklich hier zu Haus.

Der Osterhase

Der Osterhase ist verwirrt,
weil eine Wespe ihn umschwirrt.
Er scheucht sie weg, doch dann, oh Schreck,
da fliegen ihm die bunten Eier weg.
Er wollte sie im Garten hier verstecken,
da fällt er rückwärts in ein Becken.
Fluchend zieht er nass von dannen,
»Immer diese blöden Wasserwannen!«

Glyzinienduft

Glyzinienduft belebt die Luft,
vermischt sich mit dem Kaffeeduft,
aus meiner Tasse auf dem Tisch.
Dazu der Brötchenduft, ganz frisch.
Die Hummeln haben's wahrgenommen,
sind gleich in Massen angekommen.
So bilden wir ein Kollektiv.
Pech nur, dass mein Mann mich rief.

Wenn Regen dir den Tag vermiest,.
dann gehts dir besser, wenn du liest.

Mohn

Gestatten, Mohn, das ist mein Name,
und wenn ich mich bei euch versame,
dann solltet ihr euch wirklich freuen,
weil sich die Samen weit verstreuen.
Ich blühe rechts, links und auch quer,
mich dann zu mögen ist nicht schwer.
Mach alles rot und leuchte raus,
da staunt auch selbst die kleine Maus.
Ich bin genügsam und robust,
nur bei viel Wind hab ich Verlust.
Drum freu dich, wenn ich dich beehre.
Bis dann, ich freu mich auf unsere Affäre.

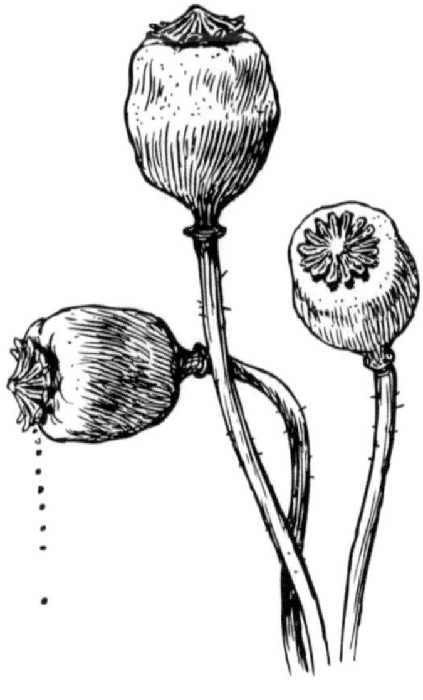

Die Eisheiligen

Da gibt es fünf, die ich nicht mag,
denn sie verderben mir den Tag.
Wenn sie am 11. Mai beginnen,
lass ich die Kübel besser drinnen.
Fünf Tage kommt nun meistens Frost,
danach muss manches zum Kompost.
Wenn's mit der Kalt' Sophie dann endet
und Sonne wieder Wärme spendet,
dann geht's im Garten richtig los.
Das finden alle ganz famos.
Es wird gepflanzt, es wird getrimmt,
bis alles wieder Gestalt annimmt.

Sonnenschein

Ich sitze hier im Sonnenschein,
die Vögel tirilieren,
den schönen Tag, den saug ich ein,
vorbei ist's mit dem Frieren.
Ich schau gebannt zum Himmel hoch,
es ist fast wie ein Schweben,
wird meine Seele dann dereinst,
im großen Kosmos weiterleben?
Dann ist's vorbei mit Freud und Kummer.
Das ist dann eine andre Nummer.

Giersch

Die Stauden rufen, sie sind empört,
weil sie der Giersch im Boden stört.
Er wuchert, macht sich mächtig breit,
drum auch der Salbei ganz laut schreit.
Da steht der Gärtner vor dem Beet,
entfernt Rhizome, wo's nur geht.
Verschafft den Stauden etwas Luft,
was aber schnell wieder verpufft.
Denn Giersch ist tückisch, kriecht voran,
schnell sind noch weit're Beete dran.
Die Kartoffel ruft zu den Rabatten:
»Soll ich die Erde mit meinem Grün beschatten?«
Der Gärtner nimmt gemulchten Karton,
und siehe da,
macht sich der Giersch davon!

Beim Friseur

Frau Eibe fühlt sich heute schick,
das sieht man gleich an ihrem Blick.
Stolz zeigt sie ihre runde Form,
denn der Friseur hat ganz enorm,
die Zweige rundum eingekürzt.
Zuerst war sie noch sehr bestürzt,
doch Komplimente aus dem Hain,
die schmeichelten ihr dann ungemein.
So schaut sie gnädig zu Herrn Buchs:
»Komm, lass dich schneiden, und zwar flugs,
dann seh'n wir beide edel aus
und ernten rundherum Applaus.«
Da drängelte Herr Buchs sich vor
und beide hörten nun vom Gartenchor,
wie wunderbar sie seien frisiert,
man hat sogar laut applaudiert!

Was der Mensch sät,
kann er ernten.
Du musst nur auch ernten,
was du gesät hast.

Das Leben

Trotz vieler Hürden, die ich genommen,
bin ich im Alter angekommen.
Wenn auch das Herz voll Unruh ist,
ist doch mein Leben niemals trist.
Ich freu mich über jeden Tag,
weil ich das Leben einfach mag.
Der Garten ist für mich ein Segen,
in ihm mag ich mich gern bewegen.
Er erdet mich und macht mir klar,
dass nichts bleibt, wie es einmal war.
Erst keimt es, dann folgt bald der Flor,
auch kommen Samen bald hervor.
Und wieder keimt's, Altes vergeht,
der Naturkreislauf so fortbesteht.
Ich lass das Leben schlicht geschehen,
mal sehen, woher die Winde wehen!

Willst du das Glück kennenlernen,
musst du es auch einladen!

Das Glück

Wenn Melancholie mich niederdrückte,
und mir dann einfach nichts mehr glückte,
nahm mich das Glück oft an die Hand,
das wartend vor der Haustür stand.
»Schau in den Garten voller Leben,
es soll dir Lebensfreude geben.
Alles, was war, kommt nicht zurück,
mit Blick nach vorn dein Leben glückt.
Sei stark, geh weiter mit der Zeit
und sei für Neues stets bereit!«
Das flüsterte mir das Glück ins Ohr.
»Vergiss dabei nicht den Humor,
der alles etwas leichter macht.«
Dabei hat das Glück sogar gelacht.
Und immer, wenn ich traurig bin,
schau ich zum wilden Garten hin.
Oft fällt mir dieser Spruch dann ein
und meist verfliegt die üble Pein.

Jedes Jahr das gleiche Spiel,
ich kann es nicht erwarten.
Der Winter ist mir viel zu viel,
ich möchte lieber in den Garten.

Mach mal Platz

Die Petersilie sagt zur Pimpernelle:
»Nun mach mal Platz hier auf die Schnelle,
ich will mich hier mehr ausbreiten,
da kann ich keine Nachbarn leiden.
Denn mein Aroma mögen viele,
drum ist eins meiner größten Ziele,
dass weit mein Samen sich verstreut,
weil sich die Hausfrau dann sehr freut.
Ich bin ein Topstar und gesund,
man nimmt mich gerne in den Mund.
Geh einfach fort ins nächste Beet,
wo schon der Dill und Borretsch steht.
Wir treffen uns vielleicht in einer Soße,
oder auch getrocknet in 'ner Dose!«

Warte nicht aufs Paradies,
geh in den Garten und genieß!

Mary Rose

Ach Mary Rose, du Wunderschöne,
wie sehr ich mich heut nach dir sehne,
weil's draußen stürmt und grau der Tag,
denk ich an Rosen, die ich mag.
Ich seh die Triebe voller Knospen,
wie sie sich ranken um den Pfosten.
Den Blütenduft erahnt die Nase,
ich seh auch Rosen in der Vase.
Wie freu ich mich, wenn's wieder blüht
und alles seinen Duft versprüht.
Dann hält mich nichts mehr drin im Haus,
dann, Mary Rose, dann komm ich raus!

Balsam für die Seele

Du hast 'nen Garten rund ums Haus,
dann gehst du sicher auch gern raus.
Zupftst hier und da, pflanzt, hackst und gießt,
damit es rundum herrlich sprießt.
Er ist wie Balsam für die Seele,
weshalb ich es auch hier erwähne.
Er tut dem Körper wirklich gut
und bringt den Schwung ins Gärtnerblut.
Er hält dich frisch und macht dir Freude,
drum ran ans Werk, auf geht's, ihr Leute!

Vergänglichkeit

Du wirst geboren, wächst heran.
Dann ist die Liebe plötzlich dran.
Das Glück, es ist so nah wie nie,
dein Herz ist voller Harmonie.
Schenkst neues Leben, bist entzückt,
doch machen dich Sorgen nun verrückt.
Geht alles gut mit deinem Spross,
der mächtig in die Höhe schoss?
Dann ist es irgendwann so weit,
du hast wieder für andre Dinge Zeit.
Denkst mehr an dich, gehst oft ins Freie.
Und dann, dann sieht es selbst der Laie,
was einmal klein war, wurde groß,
Abgestorbenes zersetzt sich in der Erde Schoß.
Doch Neues keimt schon, wie man sieht,
was dann im Frühling erst aufblüht.
Kein Geld der Welt kann dies verhindern,
drum sag es deutlich deinen Kindern:
Auch die, die heut' die Alten verhöhnen,
müssen sich morgen ans Jenseits gewöhnen!

Schaue, höre, rieche, schmecke, taste ...
Das Leben macht keine Pause.
Es findet in jeder Sekunde statt.

Die Maus

Huch, was haste mich erschreckt!
Du warst wohl hier im Beet versteckt.
Nun schaut nur deine Nase raus,
du freche, kleine, graue Maus.
Jetzt hauste ab, du bist wohl satt,
ich seh's an dem Kohlrabiblatt,
dass es dir prima hat geschmeckt,
und an den Bohnen hast geschleckt.
Jetzt rennst du wohl zu deinesgleichen,
die auch mal gerne hier rumschleichen.
Ich schlage vor, du gehst ins Feld,
denn mein Gemüse spart mein Geld.
Es schmeckt auch mir, das darfste glauben.
Drum lass das sein, das mit dem Rauben.
Auch hinterm Gartentor ist Platz,
sonst ruf ich gleich des Nachbarn Katz.
Die sitzt hier immer auf der Lauer.
Ich empfehle dir, sei einfach schlauer!

*Jeder starke Baum war einmal eine kleine
Pflanze, und jede große Tat beginnt mit
einem kleinen, guten Gedanken.*

Der Sommer

Juni, Juli und August

Der Sommer ist unbestritten die schönste Jahreszeit eines Jahres. Nun zeigt die Natur, was sie kann. Es blüht und grünt in allen Ecken und die Pflanzen duften um die Wette. Eine heitere Stimmung macht sich breit. Aber die Lebensfreude zeigt sich nicht nur im Garten.

Die Menschen halten sich gerne im Freien auf und die Tage sind länger hell. Die Menschen gehen schwimmen, sitzen im Freien in Restaurants und Cafés, gehen wandern ...

Das große Schmatzen

Wenn's dämmert und im Garten schmatzt,
schnauft, lärmt und eigentümlich kratzt,
dann könnt ein Igel Hunger haben.
Er wird sich an den Schnecken laben.
Kurzsichtig, wie Igel nun mal sind,
führt ihn die Nase durchs Labyrinth.
So landet manch ein Wurm im Magen,
auch Käfern geht es an den Kragen.
Wenn dann sein Bauch ist vollgefressen,
sollt ihr das Wasser nicht vergessen.
Im Winter schläft er im Kompost,
dort bleibt er bis zum End' vom Frost.
Freu dich, wenn er bei dir haust,
doch Achtung, er ist gern verlaust!

Der Hut

Brennt die Sonne mir auf den Kopf,
dann mach ich mir 'nen langen Zopf,
steck ihn dann unter einen Hut –
ach, tut das dann dem Köpfchen gut.
Wenn auch der Hut hat ganz viel Stroh,
schützt er das Hirn. Was bin ich froh!

Lavendel

Er blüht so blau und duftet herrlich,
im Garten ist er unentbehrlich.
Lavendel heißt der Wunderbare,
an ihm im Garten ich nicht spare.
Er hübscht mir viele Ecken auf,
auch Weiß und Rosa ich noch kauf.
Die Blüten fülle ich in Säckchen,
und häng sie auf in manchem Eckchen.
So freu ich mich das ganze Jahr,
dass er zu Gast im Garten war.

Das Lächeln

Ich kenn dich nicht, du kennst mich nicht,
wir sahen uns nur freundlich an.
Ich sah dein Lächeln im Gesicht,
ich schmunzelte zurück und dann,
sah alles gleich viel heitrer aus,
ich ging beschwingt über die Wiese
und pflückte einen Blumenstrauß.
Wie weggefegt war meine Krise.

Die alte Buche

Im Schatten einer alten Buche,
ich grübelnd nach der Wahrheit suche,
die mir nun sagt ganz klipp und klar,
was richtig oder falsch im Leben war.
Da kommt ein Wind auf mit viel Regen,
für unsren Garten ist's ein Segen.
Ich laufe schnell zurück ins Haus,
mach diesen Gedanken den Garaus.
Schau nicht zurück und denke mir:
Was soll's, ich leb im Jetzt und Hier.
Rückwärts kann ich eh nichts ändern,
werd weiter durch das Leben schlendern.
Bemüh mich, schaue nur nach vorn
und sticht mich wieder mal ein Dorn,
dann weiß ich, Rosen haben Dornen,
es gibt sie indes in vielen Formen.
Medaillen haben auch zwei Seiten,
es gibt Erfolg, aber auch Pleiten.
Was will ich machen, so ist das eben,
es gibt ein Geben und ein Nehmen.

Kehre deine Gedanken aus
und schaffe Platz für neue,
denn neue Zeiten erfordern neue Gedanken!

Wind

Blätter bewegen sich im Wind,
Staub fliegt durch die Straßen,
Mäuse verstecken sich geschwind,
nur Schafe auf der Wiese grasen.
Dunkle Wolken bringen Regen,
bald geht's los mit dem Gewitter.
Für die Erde ist's ein Segen,
doch für mich ist's grad sehr bitter.
Ich steh schutzlos auf nem Feld,
rundum duftet Thymian.
Fürchte mich, ich bin kein Held,
hab nur 'ne dünne Bluse an.
Werd wohl nass nach Hause kommen,
selber schuld, ich dummes Huhn!
Hätt den Schirm ich mitgenommen,
wär gegen Nässe ich immun.

»Lass mich doch stehen«, sagte der Mohn.
»So hast du länger was davon!«

Wolken

Der Himmel grau, die Erde trocken,
vielleicht lässt sich der Regen locken,
denn ohne Wasser, liebe Wolken,
hat das im Garten meistens Folgen.
Die schönsten Blüten fallen ab
und auch die Blätter machen schlapp.
Drum Regenwolken, seht's doch ein,
sonst stellt ihr der Natur ein Bein
und manche Blume wird krepieren.
Das geht mir ganz schön an die Nieren,
das will ich nicht, das darf nicht sein,
ich habe ja kein Herz aus Stein!
Wenn ihr nicht öffnet euren Bauch,
greif ich erneut zum Gartenschlauch!

Die Malve

Die Malve grüßt im Sonnenschein,
sie bleibt nicht lange sehr allein,
denn Bienen ham sich angedockt,
der Duft des Nektars sie gelockt.
Es brummt und summt, das ist Natur!
Ganz gratis ein Erlebnis pur!

Das Wetter spielt verrückt

Die Hitze wird grad weggeblasen,
der Wind lässt Türen knallen.
Die Blätter durch den Garten rasen,
in Ecken sich zusammenballen.
Viel Äste fliegen durch die Luft,
ein Baum steht schief, er wird bald kippen,
dazu riecht man der Blüten Duft,
ich schmeck's ganz deutlich auf den Lippen.
Ach ja, das Wetter spielt verrückt,
es zeigt uns an, es ist autark.
Und dennoch bin ich sehr entzückt,
denn die Natur, die ist so stark.
Sie zeigt uns öfters ihre Macht,
hat Katastrophen mit dabei.
Sie über uns dann mächtig lacht,
wir sind ihr ausgeliefert,
auf Verderb und Gedeih.

»Ich liebe dich, du wärmende Sonne!«,
sagte die Mittagsblume und öffnete voller Freude
ihre leuchtenden Blüten,
um sie bei Sonnenuntergang wieder sanft zu
schließen und am nächsten Tag erneut
leidenschaftlich aufzublühen.

Lilien

Die Lilien singen laut im Chor,
denn prächtig blüht ihr Blütenflor.
In allen Farben steh'n sie stolz,
oft angebunden an ein Holz.
Besonders schön sind nun die blauen,
die leuchtend aus den Beeten schauen.
»Kommt alle her und schaut uns an,
denn später sind die Rosen dran!«,
Sie singen lautstark, manche pfeifen,
die Maulwürfe die Flucht ergreifen.

Das Reh

Die Eidechse springt hintern Stein,
denn plötzlich kommt ein Reh herein.
Es frisst die Knospen von den Rosen,
die sich darüber sehr erbosen.
Da kommt der Gärtner um die Ecke,
klatscht in die Hände, zu dem Zwecke,
das Reh dadurch jäh zu vertreiben.
Tatsächlich ließ das Reh es bleiben.

Petersilie

Die italienische Petersilie ist empört
Weil sie 'ne Schnecke gerade stört.
Die setzt sich keck auf ihren Stängel
Na, warte ab, du frecher Bengel.
»Andare via«, ruft sie in ihr zu.
Die Schnecke meint nur: »blöde Kuh,
soll sie doch deutsch zu mir was sagen,
ich brauch was Gutes für den Magen.
Ich glaub, ich hab an Gift geleckt,
es hat auch gar nicht gut geschmeckt.«
Sie beißt in einen grünen Stängel
und wandert weiter, dieser Bengel.

Die Bank

Die große Bank fühlt sich allein,
drum lädt sie dich zum Träumen ein.
Sie steht im Schatten unterm Baum,
Hier lässt sich's in die Ferne schau'n.
Der Blick schweift über grüne Wiesen,
das kann man wirklich sehr genießen.
Man schaut weit rüber bis zum Rhein
und alles erscheint dir klitzeklein.

Grillabend

Ich sitzt entspannt in großer Runde,
führ mir Gegrilltes hin zum Munde.
Die andern auch, man kaut und schluckt,
der Hund dazu ganz hungrig guckt.
Der Nachtisch steht auch schon bereit,
doch dafür lässt man sich noch Zeit.
»Ich kann nicht mehr!«, stöhnt leis der Otto
und nimmt noch was von dem Risotto.
Klammheimlich fummelt er am Bund,
und lässt was fallen für den Hund.
Als alle fertig und ganz satt,
spricht man über Skandale in der Stadt
und freut sich, dass man vital und gesund,
hier sitzt in dieser fröhlich' Rund'.
Ein jeder gibt etwas zum Besten,
erzählt es meist mit vielen Gesten.
Alle plappern wild drauflos.
Man lacht und fühlt sich ganz famos.
Nun heißt es ständig *hoch die Tassen*,
man will sich doch nicht hängen lassen.
Ein letzter Schnaps, man lobt die Küche,
es folgen noch paar lust'ge Sprüche.
Dann bricht man auf, es war sehr nett.
Nun freut man sich aufs eigne Bett.

Der Baum

»Umarme mich«, flüstert der Baum.
Nanu denk ich, ist das ein Traum?
Umarme gleich den glatten Stamm
und spür sofort, mir wird ganz warm.
Ich schließ die Augen, atme tief,
bin dankbar, dass er mich grad rief.
Ich spüre ihn, riech seinen Duft,
was Magisches liegt in der Luft.
Ein Glücksgefühl mich voll erfasst,
ab fällt von mir die Alltagslast.
Ich fühle mich der Natur so nah
und sehe plötzlich alles klar.
Mein Blick geht hoch zu seinen Zweigen,
ich hör Musik, auch wenn wir schweigen.
Lächle ihm zu, völlig beglückt
und hab ihn nochmal fest gedrückt.
»Danke, mein Freund, ich komme wieder!«
Dann setz ich mich in seinem Schatten nieder.
Genieß die Stille der Natur,
bin ganz entspannt, von Hektik keine Spur.

Der Finger

Es war gerade kein Handschuh da,
da war mein Finger extrem nah,
der Mutter Erde, weil o Graus,
ein Unkraut musste SOFORT raus!
Die Samen von dem Übeltäter,
waren bereit, ganz viele Meter,
sich zu verstreuen ringsherum.
Das fände ich nun wirklich dumm,
weil ich dann wieder müsste schuften,
damit der Nichtsnutz würd' verduften.
Mein Finger musste deshalb leiden,
es ließ sich leider nicht vermeiden.
Nun wird er extra eingecremt,
damit er sich nicht weiter schämt.

Der Regenwurm

Der Regenwurm, der Regenwurm,
schaute kurz raus, es war grade Sturm.
Ihm flog sogleich ein Blatt entgegen,
dann kam auch noch ein wenig Regen.
Da dachte sich der taube Kerl:
Ach, Blätter habe ich doch so gern.
Er tauchte mit dem Blatt gleich unter
und war dabei unglaublich munter.

Die Holzbiene

Es ist zu heiß, ich sitz nur rum,
schau in den Garten, hör Gebrumm.
Ne Holzbiene ist grad sehr laut,
sie emsig nach den Blüten schaut.
Der Nektarräuber saugt sich voll
und findet Hitze scheinbar toll.
Doch ich bleib sitzen, rühr mich nicht.
Nur ein Gedanke zu mir spricht:
Bewegung wär nun grauenhaft,
nur in der Ruhe liegt die Kraft.

Es summt

Wenn Bienen summend Nektar schlecken,
genüsslich auch an Pollen lecken,
Dann freu dich Gärtner, sei bereit,
du hast dann zwar noch etwas Zeit,
doch ernten ist so gut wie sicher
und nichts schmeckt wirklich frischer!

Frau Eidechse

Frau Eidechse schaut aus der Mauer,
sie liegt schon länger auf der Lauer.
Sie züngelnd nach 'nem Frühstück schaut
und gleich 'ne fette Fliege klaut.
Ihr Magen ist noch viel zu leer,
sie schaut, wer alles kommt daher.
Da schneckt Frau Schnecke langsam an,
und die Frau Echse fasst 'nen Plan.
Sie freut sich auf den fetten Happen,
und will sich flugs die Schnecke schnappen.
Frau Schnecke, selbst noch etwas matt,
will knabbern an 'nem leckren Blatt.
Doch plötzlich kommt da eine Maus,
schnell eilt Frau Schnecke zurück ins Haus.
Frau Echse denkt, was mach ich bloß,
die Maus, die ist für mich zu groß.
Ich schau mal lieber nach den Spinnen.
Sie aß sich voll und ging nach drinnen.

Die Laus

Ei der Daus! Sitzt hier am Blatt
doch eine Laus
und will sich von dem Chlorophyll,
frech was durch die Nase zieh'n.
Macht aus den Blättern Schweizer Käse,
zackt die Ränder wie mit 'ner Fräse.
Leg ich Hand an, mach mir die Mühe?
Nehm' ich die Spritze mit der Brühe?
Oder wart' ich lieber auf meinen Mann,
der das alles besser kann?
Ach, nehme lieber doch ein Buch,
denn Arbeit hatt' ich heut genug.
Lass mich faul aufs Sofa nieder,
Schatzi kommt ja schon bald wieder.

Sonntag

Ein Sonntag ist zum Ruhen da,
der Staubsauger bleibt aus.
Es gibt oft Kuchen, das ist klar,
und manche geh'n ins Grüne raus.
Auch ich bin faul, leg mich heut lang,
schau in des Himmels weite Ferne,
hör dabei der Vögel Gesang.
O Mann, was hab' ich solche Tage gerne!

Mein Herz

Ich hab ein Herz, ich hab ein Hirn,
das sitzt gleich hinter meiner Stirn.
Mein Herz sitzt klopfend in der Brust,
wenn's stolpert, bringt's mir auch mal Frust.
Dann sagt mein Hirn: »Hol ganz tief Luft.
Reg dich nicht auf, riech nur den Duft,
den dir der Garten rüberweht,
besonders aus dem Rosenbeet!«
Ich atme ein, ich atme aus,
die Luft strömt rein, sie strömt hinaus.
Der Sauerstoff wird aufgenommen,
dadurch Entspannung ist gekommen.
Nun spür ich die Gelassenheit.
Komm her, du Tag, ich bin so weit!

Die Nachtigall

Jedes Jahr bin ich erneut entzückt
wenn uns die Nachtigall beglückt.
Das Männchen tiriliert und flötet,
lockt hoch und tief das Weibchen an,
bis seine Herzensdame dann errötet
und ihm nicht widerstehen kann.
Dann folgt der Nestbau im Gelände,
dichtes Gebüsch ist gerade recht.
Gern ist es auch am Feldrandende,
nur allzu sichtbar wäre schlecht.
Nun hat der Balzgesang ein Ende,
es dauert wiederum ein Jahr,
bis dieser Kleine gegen Frühlingsende
aus fernem Afrika ist wieder da.

Türkenmohn

Da blüht er schon, der Türkenmohn,
leuchtet heraus mit seiner Farbe,
Herr Klatsch ist wohl von ihm ein Sohn,
ein uns recht wohlbekannter Knabe.
Pflück ihn nicht, lass ihn steh'n,
ergötz dich an dem Osmanen.
Und bald schon wirst du sehn,
wie er sich wird versamen.
Dein Garten wird frohlocken,
wenn dann im nächsten Jahr,
in allen Beeten er wird hocken.
Dann ist er wieder Superstar!

Lärm

Wenn laut des Nachbarn Bohrer rattert,
seitlich noch ein Mäher knattert,
dann noch die Müllabfuhr macht Krach,
na klar, dann bin ich sofort wach!
Ich steh halt auf, was soll ich machen,
vielleicht lass ich's nun auch mal krachen.
Noch immer hämmert's laut im Ohr,
was hat denn nur der Nachbar vor?
Kaum sitz ich an dem Frühstückstisch,
ich mir den Mund grad sauber wisch,
ist's total still, nichts brummt und summt,
die Handwerker sind abrupt verstummt.
Sie packen ein und fahren weg,
zurück lassen sie nur ihren Dreck.
Na warte, denk ich, ich will Rache!
Da fällt mir ein, war da nicht diese Sache
mit der Entrümplung früh am Morgen?
Als wir viel Hausrat mussten entsorgen.
Der Krach war wirklich penetrant!
Ach, ich steh mal drüber, bin ja tolerant!

Das Leben zieht 'ne eigne Bahn.
Sie läuft nach vorne, nie zurück.
Sie läuft nur nach 'nem eignen Plan,
und wenn du mitziehst, hast du Glück.

Am Abend

Wenn die Hitze des Tages schwindet
und die Sonne langsam untergeht,
werden die Windlichter entzündet.
Die Nachtfalter umflattern das Licht
und die Grillen zirpen ihr Lied ohne Pause.
Die Stechmücken machen sich auf
und suchen sich ihre Opfer aus.
Dann genieße den Sound der Natur
und wisse, du bist ein Teil davon.

Kein Schwung

Ich schau hinaus und häng nur rum.
Seit Tagen fehlt mir jeder Schwung.
Nichts lockt mich raus ins Freie.
Nun ist das Lesen an der Reihe.
Wenn auch der Spaten wartet,
wart ich drauf, dass die Sonne startet,
denn grau und trüb, das reizt mich nicht.
Da schreib ich lieber dies Gedicht.

Der Salbei

Der Salbei, der macht sich breit im Beet,
wenn er kurz vor der Blüte steht.
Dann wird sein Violett erstrahlen,
und mancher Maler wird ihn malen.
Doch auch die Blätter sind beliebt,
wenn man sie frisch zu Kalbfleisch gibt.
In heißem Öl schmeckt er am besten,
das sollte jeder einmal testen.
Auch Pasta wird mit Salbeibutter,
zum allerbesten Edelfutter.

Der Herbst

September, Oktober und November

Auch der Herbst hat seine Schönheiten. Die Natur verändert die Farben von einem satten Grün zu den feurigen Herbstfarben Gelb, Rot, Gold. Das lockt die Wanderer in die Natur und die Gärtner bereiten ihre Beete auf den Winter vor. Eine gewissen Melancholie macht sich breit, weil die schöne Sommerzeit unweigerlich vorbei ist und der Winter vor der Tür steht.

Der Sommer sagt ade

Spürt ihr den Herbstwind, wie er streichelt,
wie die Natur den Augen schmeichelt?
Obwohl die Sonne sich macht rar,
ist noch ein laues Lüftchen da.
Der Sommer sagt nun leis' ade,
das tut mir jedes Jahr gleich weh.
Vorbei die warme Zeit dies Jahr,
verkürzt die Frist, die ich noch da.
Es gibt nur eins, ich nehm es hin,
dass ich nicht unendlich bin.
Du wirst geboren, gehst deinen Weg,
bis du dann nimmst den letzten Steg!
So ist das nun! Man kann's nicht ändern,
nur mutig durch das Leben schlendern
und das mit Freude, das ist wichtig,
dann machst du alles völlig richtig!

Der Mensch braucht Poesie im Leben.
Unser erster Atemzug führt irgendwann
unweigerlich zum letzten!

Die Sonne scheint

Der Wind lässt nach, die Sonne scheint,
der Himmel hat genug geweint.
Die Wassersammler sind randvoll,
ob ich die Kübel reinhol'n soll?
Ach nein, es ist noch viel zu früh,
ich später mich darum bemüh.
Das Laub fällt runter, immer mehr,
das nehm ich mir zum Mulchen her.
Viel Feigen hängen noch am Baum,
für Marmelade? - na mal schaun.
So hab ich immer was zu tun,
erst abends kann ich mich ausruh'n.
Dann schreib ich oft noch eine Zeile.
Ihr seht, ich habe keine Langeweile!

Der Wind

Die grünen Blätter werden bunt,
der Wind pfeift durch die Gassen
und dunkle Wolken zieh'n vorbei,
die Bäume Blätter fallen lassen.
Der Herbst erobert nun die Zeit,
die Luft wird kühler, Tag für Tag,
es wird schon zeitig dunkel,
auf Feldern auch schon Nebel lag.
So sind sie halt, die Jahreszeiten,
der Garten macht bald Winterschlaf
und viele Sommerblumen sterben.
Auch ich ruh aus und bin ganz brav.
Zieh Socken an, nehm eine Decke,
schließ meine Augen, spür' die Sonne,
denk an den Sommer, schau aufs Meer.
Mein Kopfkino ist pure Wonne.
Ich pass mich an, mach's wie der Garten,
nehm eine Auszeit von dem Trubel.
Tank wieder Kraft fürs nächste Jahr,
und schieb erst mal 'ne ruhige Kugel.

Man muß nicht erst sterben,
um ins Paradies zu gelangen,
solange man einen Garten hat.

Die Lärche

Es stürmt und bläst ganz fürchterlich,
der Wind fegt durch die Gassen.
Er tobt hier wie ein Wüterich,
die Bäume Zweige fallen lassen.
Die Tannen schwanken hin und her,
das Aufrechtstehen fällt ihnen schwer.
Es fliegen Äste durch die Luft,
dazu riecht man auch Tannenduft.
Bang schaue ich zur Lärche hin.
Ein Glück, ich steh im Zimmer drin.
Sie biegt sich hin, sie biegt sich her.
Ich schau sie an, es fällt mir schwer.
»Du schaffst das schon!«, ruf ich ihr zu.
Ganz plötzlich gibt der Wind mal Ruh.
Ich zwinker rüber, sie zurück,
»Na siehste Baum, wir hatten Glück!«

Die Böe

War kurz im Garten und, oh Schreck,
gleich flieg ich mit der Böe weg.
Ich wackle schon, steh nicht mehr fest,
ob mich der Sturm noch reingehn lässt?
Der Hund der schnuppert in den Wind,
ich glaub, der freut sich wie ein Kind.
Bevor der dürre Ast noch kracht,
ham wir uns schleunigst reingemacht!

Der Wind pfeift

Der Wind grad um die Ecken pfeift,
dabei die vielen Rosen streift,
die gerade noch so wunderschön,
leuchtend bunt im Garten steh'n.
Ach Wind, komm sei doch mal human,
und lass die schönen Blüten dran.
Schick lieber nur ein bisschen Regen,
denn Wasser wäre jetzt ein Segen.

Bunte Blätter

Die Blätter werden wieder bunt
und raus will nicht einmal der Hund!
Wenn's draußen regnet, kalt der Wind,
und man sich auf sich selbst besinnt.
Ein gutes Buch, ein guter Wein,
das soll'n heut meine Begleiter sein.
So leg ich meine müden Glieder,
gemütlich auf dem Sofa nieder.
Ich hoffe, euch geht's auch so gut.
Lehnt euch zurück und habt den Mut,
lasst heut die Arbeit Arbeit sein,
Ich prost euch zu mit meinem Wein!

Wetter

Wenn Bäume wiegen sich im Wind
und Regen peitscht durchs Land,
dann suchen Menschen, Hund und Rind,
blitzschnell 'nen trocknen Unterstand.
Deshalb bin ich so richtig froh,
wenn draußen Stürme heftig toben,
dass ich grad sitze im Büro
und werde neue Verse proben.
Wenn dann die Sonne wieder scheint,
geh ich hinaus ins Freie.
Und wenn erneut der Himmel weint,
ich zaghaft euch nun prophezeie:
Ob Sturm, ob Sonnenschein, ob Regen,
egal wie gut, wie schlecht das Wetter,
nimm's hin und genieß' dein Leben,
mit einem Buch wird's noch viel netter!

Verschiedenheit ist wunderbar!
Wär alles gleich, wärs sonnenklar,
viel langweiliger und auch sehr trist.
Gut, dass es verschieden ist.

Ach Rose

Noch seh' ich dich vereinzelt stehen,
ach Rose, du warst wunderschön.
Nun sagst ade für lange Zeit
und kalte Luft, die macht sich breit.
Schon soll es in den Bergen schneien,
es ist schon richtig kalt im Freien.
Die dicken Jacken müssen schützen,
vorbei ist's mit dem vielen Schwitzen.
Nun kommt die dunkle Jahreszeit
und Weihnachten ist auch nicht weit.
Dann fängt alles von vorne an.
Die Jahreszeiten haben ihren Plan,
der manchmal zwar ein wenig spinnt,
wenn Frühling schon im Winter beginnt.
Da kannste nix machen, nimm's einfach hin,
nicht alles macht im Leben Sinn!

Laubbläser

Der Nachbar bläst mit viel Getöse,
die Gehwegblätter kreuz und quer.
Die Krabbeltiere sind sehr böse,
sich zu verstecken, fällt nun schwer.
Als endlich er den Blätterhaufen
in einer Ecke sauber separiert,
will er nur kurz im Haus verschnaufen,
nicht wissend, was nun grad passiert.
Es kommt 'ne Windbö angeflogen,
wirbelt die Blätter durch die Gassen.
Sie fliegen weit in hohem Bogen,
sie sich nun nicht mehr fangen lassen.
»Alles umsonst!«, stöhnt da der Nachbar
und schaut entrüstet hoch zum Wind.
Nach einer Weile wird ihm klar,
dass das Naturgesetze sind.

Schatten …

Wenn Schatten immer länger werden
und Nebel die Felder sanft umhüllt,
brennen meist Feuer in den Herden,
weil's draußen abends schon abkühlt.
Der Herbst hat den Sommer übernommen
und Spinnen weben fleißig ihre Netze,
auch Wespen sind zuhauf gekommen,
so sind sie, die Naturgesetze.
Die letzten Früchte werden eingesammelt
und bunte Astern fangen an zu blühen,
während in Gärten schon viel vergammelt,
die Stauden fix noch Samen versprühen.
Die Traubenlese hat begonnen.
Das Laub wird bunt und leuchtet raus.
Bald ist das Jahr wieder zerronnen,
dann geht's von vorne los. Ei, der Daus!

Herbstnebel

Wenn Vögel Richtung Süden fliegen,
die Blätter fallen, der Wind wird kühl
und Nebel auf den Feldern liegen,
dann, lieber Freund, ist's nicht mehr schwül.

Blätter

Das Blatt am Baum wurd' langsam alt,
»Ich fall jetzt ab, mir ist zu kalt!«,
rief es empört zu den Kollegen,
die ähnliche Gedanken hegen.
»Lasst uns noch warten auf den Wind,
dann geht das Abfallen geschwind!«
Der Wind ließ sich nicht lange bitten,
und nach und nach sie alle glitten,
ganz sanft hinunter auf die Erde.
Sie wollten, dass draus Humus werde,
damit der Garten, gut ernährt,
im nächsten Jahr sich nicht beschwert.

Nebel steigen

Wenn Nebel steigen, Blätter fallen
und Rauch aus den Kaminen steigt,
dann könnte dir ein Buch gefallen,
das dir die Pracht des Sommers zeigt.
Entflieh damit den grauen Stunden,
schwups ist auch die Tristesse verschwunden.

Der Ahorn

Der Ahorn sagt: »Auf Wiedersehen!
Ich mach mal Winterschlaf.
Knips mich, denn ich bin grad sehr schön
und stell die Linse scharf.
Im Frühling komme ich zurück,
mit meinen tief geschlitzten Blättern.
Ich weiß, ich bin dein ganzes Glück,
du darfst mich bloß nicht schreddern.«

Es stürmt

Es stürmt und regnet fürchterlich,
ein Wind fegt durch die Gassen.
Er tobt hier wie ein Wüterich,
die Bäume Blätter fallen lassen.
Das Grün wird langsam farbenfroh,
die letzten Stauden explodieren.
manch Kübelpflanze muss schon rein,
sie könnte sonst erfrieren.

Morgennebel

Morgennebel zieht durchs Land,
hat den Sommer fast verbannt.
Herbst zieht ein und trennt die Zeit,
bald macht sich der Winter breit.
Spinnen weben kunstvoll Netze,
suchen sich versteckte Plätze.
Kühle Luft zieht durchs Gelände,
leert deshalb schon viele Strände.
Das letzte Obst wird noch gepflückt,
für Wein die Trauben durchgedrückt,
und später in 'ner Glücksminute
die Gläser klirren mit *Salute*.

Blätter auf dem Boden

Es liegen Blätter auf dem Boden,
die hat der Wind dort hingeschoben.
Wir nutzen sie als Winterschutz,
sie bleiben bis zum Frühjahrsputz,
und ich spür's bereits in allen Knochen,
langsam kommt der Frühling angekrochen.
Dann geht es rund in unsrem Garten,
weil hier schon viele Knospen warten,
wollen ihre Köpfchen nach oben recken
und freudig der Sonne entgegenstrecken.

Laub

Ach, bist du wieder da, du Herbst!
Schön, wie du die Blätter färbst.
Sie fliegen wirbelnd durch den Garten,
ich werd trotzdem etwas warten,
bevor ich greif zu einem Rechen.
Das Laub kommt dann auf andre Flächen
und wird zu Humus dort verrotten,
wenn auch die Saubermänner spotten.
Aber der Garten mag das sehr,
dann sind die Beete nicht so leer.
Sie sind geschützt vor vielen Dingen
und Kälte lässt sich so bezwingen.
Ganz natürlich, ohne Geld,
wird das von der Natur bereitgestellt.

Schließe die Augen,
höre den Wind heulen,
fühle den Regen auf der Haut,
spüre die Wärme der Sonne,
berühre den Baum.
... und du bist der Natur ganz nah!

Socken raus

Die Socken raus, die Jacke an,
das Wetter hat wohl keinen Plan.
Mal ist mir kalt, dann wieder heiß,
vor kurzem war's sogar schneeweiß.
Drum setz ich mich ans off'ne Feuer,
denn's Wetter ist mir nicht geheuer!

Ernte

Kommt der Herbst, wird viel gepflückt,
Obst wird für Säfte ausgedrückt,
Tomaten werden gern püriert,
und Marmelade dick aufs Brot geschmiert.
Es ist die Zeit von ›Erntedank‹,
vieles geht nun in den Vorratsschrank.
Denn nur wer sät, wird auch was ernten,
wie wir schon von unseren Ahnen lernten.
Dann im Winter ist alles still,
weil der Garten das so will.
Er sammelt sich fürs nächste Jahr
und ist im Frühjahr wieder da!

Der Winter

Dezember, Januar und Februar

Nun hat die Gartenarbeit Pause. Es ist kalt, manchmal bedeckt eine Schneedecke Bäume und Pflanzen. Kaminfeuer brennen und Kerzen werden angezündet. Aber es werden auch schon Pläne geschmiedet, was man im kommenden Frühling alles ändern möchte. Es werden Gartenkataloge gewälzt, Samen bestellt und Gartenbücher hervorgeholt. Man sucht Anregungen für die neue Saison und genießt die Ruhe, die dazu nötig ist.

Die Rasenmäher schweigen

Es ist so weit, die Rasenmäher schweigen,
die Dunkelheit uns früh umgibt.
Am Baum hängen noch unreif Feigen,
die sind nur süß bei uns beliebt.
Die Mäuse suchen sich Verstecke,
drum haltet eure Türen zu.
Ich hol mir auch schon mal 'ne Decke,
mit der ich auf dem Sofa ruh.
Wenn trüb mir die Gedanken werden,
kommt mir der Sommer in den Sinn.
Ich hab' dann keinerlei Beschwerden,
weil ich im Sommer glücklich bin.

Kalter Wind

Wenn kalter Wind die Nase streift,
und Schneefall dich dazu einseift.
Wenn du nur mühsam vorwärtsgleitest,
und heißen Atem du ausscheidest,
dann sage ich dir nun klipp und klar,
dann ist der Winter wirklich da.

Warm anziehen

Der Tag ist trüb, der Himmel grau,
die Sonne macht sich rar.
Die Tiere geh'n zurück in ihren Bau,
jetzt wird's bald Winter, ist ja klar!
Die dicken Jacken sind nun dran
und Kerzen stehen auf dem Schrank.
Weit weg, da wütet ein Orkan.
Zieh dich warm an, sonst wirst du krank.
Ich schalt nun um auf Winterschlaf,
mach's mir gemütlich hier im Haus'.
Wart auf den Frühling, bin ganz brav
und wenn es grün wird, geh ich raus.

Mit großen Schritten

Herr Winter kam mit großen Schritten
und gleich ham alle sehr gelitten.
Es war zu kalt und zu viel Schnee,
dazu noch glatt, gefror'n der See.
Dabei Herr Frühling sich schon zeigte,
das Schneeglöckchen sein Hütchen neigte.
Herr Winter ließ sich's nicht gefallen
und ließ es noch mal ordentlich knallen.
Nun ist es ziemlich weiß im Lande
Ich mag das nicht! Das nur am Rande!

Die Wespe

Es summt und brummt an meinem Ohr,
da trudelt 'ne Wespe frech hervor.
Hat sie denn völlig übersehen,
dass wir kurz vor Silvester stehen?
Ich schick sie raus in unsren Garten,
soll sie doch dort aufs Frühjahr warten.

Der Pieseler

Ein Knabe pieselt in die Hecke,
da springt ne Katze aus der Ecke,
die panisch und so voller Schreck,
hüpft in des Pieslers feuchten Dreck.
Da hat auch dieser sich erschrocken,
er wankt und pinkelt in die Socken.
Nun läuft er etwas feucht nach Haus,
das nennt sich Pech, ei der Daus!

Das alte Jahr

Der Wind, der fegt das alte Jahr von dannen,
das neue darf nun leise kommen.
Noch biegen sich die hohen Tannen,
und in den Kirchen beten die Frommen.
Wir begrüßen das neue Jahr mit viel Getöse,
möge es uns Glück bringen, sonst werd' ich böse.

Im Winter …

Den Winter, der ein Frühling war,
gab's Weihnachten in jenem Jahr.
Das machte einigen nichts aus,
sie streckten ihre Köpfchen raus
und blühten fröhlich Tag für Tag.
Und ich, die ich den Frühling mag,
war froh, dass nun am End vom Jahr,
immer noch kein Winter war.
Es ließ den Frühling mich erhoffen,
doch war das Ende völlig offen!

Farblos

Wenn alles ziemlich farblos ist,
und der Himmel die Sonne zudeckt,
wenn leise Schnee herniederfällt,
der Igel sich im Laub versteckt,
dann spürt man auch die kalte Luft,
verkriecht sich gern ins Zimmer.
Der Garten macht nun Winterschlaf,
es ist dann so, wie immer.
Man hofft drauf, dass der Frühling kommt,
dass alles wieder keimt und sprießt,
dass uns der Blüten Duft umhüllt,
weil es das Leben so versüßt.

Der Wintergarten

»Wir wollen raus«, rufen die Kübel.
Sie wollen an die frische Luft.
»Hier ist's so stickig, mir wird übel«,
meint der mit dem Zitronenduft.
Und auch die andren Asylanten,
die Topf an Topf im Häuschen steh'n,
rufen hinüber zu ihren Verwandten
»Wir wollen den Garten wiederseh'n.«
Na gut, ich lass mal Luft herein,
ich öffne die Tür nur einen Spalt
Doch abends lass ich's wieder sein,
die Nacht ist mir noch viel zu kalt.
So ist es stets das gleiche Spiel,
auch ich kann's kaum erwarten.
Der Winter ist mir viel zu viel,
wir möchten alle in den Garten.

Querbeet

Alle Jahreszeiten

Querbeet durch den Garten, durch den Balkon, durch Wiesen und Felder, kurz gesagt: Querbeet durch die Natur! Man könnte auch sagen, es wurde bunt gemischt. Ist nicht auch ein bunt gemischter Garten etwas Tolles? Wenn Gemüse, Sträucher und Blumen querbeet unter Obstbäumen wachsen und sich Gemüse und Kräuter mit den Ziergehölzen vertragen. Die Vielfalt im Garten, mit Sachverstand zusammengefügt, das macht einen Garten zum Paradies.

Therapie

Wenn Traurigkeit dich so erfasst,
dass du das Leben ganz verpasst,
dann denke an die schönen Dinge,
befrei dich aus der engen Schlinge,
die dir die Luft nimmt, dich bedrängt
und dich in Angstzustände zwängt.
Damit dein Leben dir nun glückt
und dich kein Zweifel mehr bedrückt,
geh in den Garten, schau dir an,
was die Natur so genial kann.
Hier kreucht und fleucht es allerorten,
es blüht und grünt in vielen Sorten.
Greif in die Erde, du wirst sehen,
wie schnell die Sorgen hier vergehen.
Ein Garten spart die Therapie,
geh lieber runter auf die Knie.
Zupf, schneide, hacke, mähe
und spüre hier der Erde Nähe
Dort tummeln sich viel Bodenwesen,
an denen kannst du gut ablesen,
du bist nur ein Sandkorn im Getriebe,
was uns verbindet, ist die Liebe.
Zu allem, was Natur sich nennt,
da gibt es nichts, was uns noch trennt.

Die Natur

Die Natur ist niemals gemein,
besonders nicht bei Sonnenschein.
Und wenn's mal regnet, macht das nix,
Du nimmst 'nen Schirm, das geht ganz fix,
Der Garten freut sich übers Nass
und macht dem Bauern voll das Fass.

Der Handschuh

Die Gärtnerhand ist meist voll Dreck,
der geht auch manchmal schier nicht weg.
Drum sollte man die Hände schützen
und tunlichst Handschuhe benützen.
Das Gift der Pflanzen und der Dreck,
kleben am Handschuh und sind weg!

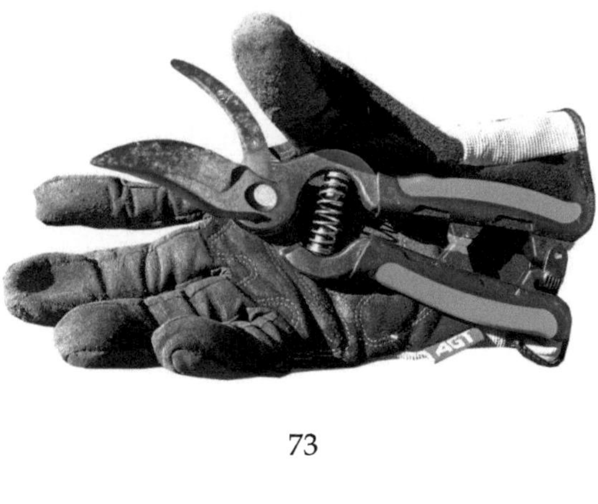

Mach mich schön

Der Garten ruft: »Komm mach mich schön,
denn ich find es schon fast obszön,
dass hier die Beete noch nicht blühen.
Ich will mich auch dann sehr bemühen
und möcht' dein Gärtnerherz erfreuen.
Du musst dich deshalb gar nicht scheuen
und kannst mich völlig frei gestalten.
Fang an, ich werd' mich ruhig verhalten!«
»Na klar!«, ruf ich. »Ich lass dich nicht im Stich,
ich fang gleich an, ich pflege dich!
Ich werd' mich ganz bestimmt bemühen
und du lässt es dann üppig blühen!«
Ich grabe, pflanze, setze Feigen,
gestalte einen bunten Reigen.
Die Rosen melden sich noch an,
»Hey du, wir sind dann auch noch dran.
Schneid uns doch wieder mal in Form,
dann duften und blühen wir enorm!«
Ich streu noch Dünger, setze Steine,
danach leg ich ermattet hoch die Beine.
ich bin erschöpft, mein Rücken zwickt
und dennoch schau ich sehr beglückt
in unsren Garten und hör ihn lachen:
»Das sollten wir jetzt öfters machen!«

Die Tücken des Lebens

Das Leben hat so seine Tücken,
manchmal auch nur, wenn wir uns bücken.
Da fällt ein Gegenstand hinunter,
du bückst dich und bist dabei noch munter.
Da, zack! Es fährt dir in den Rücken!
Du kannst dich nicht mehr weiter bücken.
Aber auch rückwärts geht es nicht,
weil dich die Hexe gerade sticht.
Ein Schrei den Liebsten alarmiert,
er ist zuerst mal ganz verwirrt
und ruft den Doktor fix herbei,
der kommt sofort mit 'ner Arznei.
Es dauert etwas und du spürst,
als du die Schuhe dabei schnürst:
Alles im Lot, bin wieder fit!
Du machst sofort den nächsten Schritt.
Und weiter geht's mit diesem Leben.
Man soll halt nicht so rasch aufgeben!

Eine schöne Verpackung ist nicht alles,
der Inhalt muss mehr überzeugen!

Gartenarbeit

Mein Körper ist heut ramponiert
und ich bin wirklich sehr frustriert,
denn links und rechts, muss ich euch sagen,
da ging's dem Unkraut an den Kragen.
Ich beugte mich zu oft hinunter,
danach war ich dann nicht mehr munter.
Nun sitz ich hier, kann mich nicht regen,
kann kaum noch meinen Arm bewegen.
Das wär' mir früher nicht passiert,
das Alter hat mich abgeschmiert!

Gut Nacht

Am Horizont da leuchtet's rot,
die Sonne sagt gut Nacht.
Ich mach nun gleich das Abendbrot,
weil's sonst ja keiner macht!

Der Trott

Du bist erschöpft und ohne Kraft,
es ist der Trott, der dich so schafft!
Wenn dich der Alltag so auffrisst,
dass du zu leben ganz vergisst,
wenn dich die Arbeit niederdrückt
und dir nun einfach nichts mehr glückt.
Wenn Sorgen dich zu stark belasten,
dann bau dir einen Kummerkasten.
Wirf dort hinein, was dich so plagt,
der Kummer ist erst mal verjagt!
Vergiss was dich so mutlos macht,
schau auf das Leben, wie es lacht.
Genieß die Sonne und den Wind,
schau die Natur an, sei nicht blind.
Das gibt dir Kraft, das macht dir Mut
und alles wird auf einmal gut.
Die Hoffnung lässt dich aufrecht gehen,
lässt dich das Schöne wieder sehen.
Die Pause musst du dir erlauben,
musst nur ganz fest auch daran glauben.
Danach geht's leichter, vertraue mir,
drum schreib ich diese Worte hier!

Handwerker

Da stehste auf, bist frohen Mutes,
denkst, heute mach ich mal was Gutes!
Hast Zwetschgen da, willst Kuchen backen
und dann noch etwas Unkraut hacken.
Da klingelt's plötzlich an der Tür
und Handwerker stehen keck vor dir.
Erst haben sie dich hingehalten,
jetzt woll'n sie dir den Strom abschalten.
Das wird wohl nix mit leckrem Kuchen.
Mein Glück muss ich im Garten suchen!

Streben

Kommt, heut woll'n wir nur mal leben,
lassen weg wetteiferndes Streben,
schau'n in den Himmel, spür'n den Wind,
saugen die Welt auf wie einst als Kind.
Seht nur die Hummeln, wie sie sich tummeln,
und auch die Bienen hört man brummeln.
Vernehmt ihr die Rose, wie sie sich freut?
Sie ist heute mein Glücks-Therapeut.
Sie öffnet die Knospen, verströmt ihren Duft,
Freude und Müßiggang liegt in der Luft.
Kommt, lasst uns heute nur spüren,
öffnet Herzen und geschlossene Türen,
für die Schönheit dieser herrlichen Welt,
die jeder sieht, auch ohne Geld.

Regen

Manchmal find ich Regen schön,
muss nicht in den Garten geh'n,
Ausschau nach dem Unkraut halten,
meiner Pflicht als Gärtner walten.
Sitz hier trocken an mein'm Mac,
mach' den großen Facebook-Check,
bei 'nem Tee in heißer Tasse.
Weisste was: das find ich klasse!

Im Wald

Wenn ich im Wald nach oben schau,
dort meine Gedanken in den Wipfeln
der Bäume wiederfinde,
dazu den Duft des sich zersetzenden toten
Holzes und der verrottenden Blätter einatme,
und hin und wieder einen Hauch
vom Methan der Pilze spüre,
dann fühle ich mich der Natur näher
als anderswo.
Ich greife nach den Gedanken,
durchdenke sie erneut,
und hänge sie wieder an den Wipfeln
auf fürs nächste Mal.
Fort sind die Alltagssorgen,
fort das Streben nach Vollkommenheit.
Ich gehe mit der Natur eine Symbiose ein,
denn auch ich gehöre zum Kreislauf der Natur.
Und eines Tages werd' ich eins sein
mit der Erde und andere
werden an meiner Stelle
durch den Wald wandern.

In fremden Sphären

Wenn Menschen wie die Bäume wären,
dann wären sie in andren Sphären.
So fällt im Herbst hier jedes Blatt,
weil's ausgedient, ganz einfach ab. .
Im Frühjahr drauf wird umgesteuert,
es wird von Grund auf sich erneuert.
Frisches Grün treibt nun aus allen Knospen,
jed' Blatt bezieht dann seinen Posten,
um dann im Sommer wunderschön,
im Garten wieder dazustehen.
Wenn ich dagegen mich anschau',
o Graus,
dann weiß ich, bald schon ist es aus.
Nichts wird sich bei mir je erneuern,
die Falten schon am Kragen scheuern.
Alles was welk ist, wird welk bleiben,
da hilft's auch nichts, daran zu reiben.
Die Hoffnung bleibt, es könnt doch sein,
dass ich als Hund wieder erschein.
Doch allerdings, ich bitt' doch sehr,
leb ich mit den Meinen dann am Meer,
wo meistens hell die Sonne scheint,
da tob ich dann, nicht angeleint,
am Strand entlang, stürz mich ins Meer,
mein Herrchen stürzt sich hinterher.
Ja, ich glaub, so könnte das gehen.
Mal schau'n, ob wir uns wiedersehen?

Naturgesetze

Im Wald, am Meer, in jedem Garten,
überleben nur die wirklich Harten,
denn fressen und gefressen werden,
ist das Motto hier auf Erden.
Wenn die Raupe knabbert am Blatt,
macht sie bald den Vogel satt.
Und den Vogel holt der Fuchs,
ohne dass er macht 'nen Mucks.
Einer stirbt, der andere lebt,
ein Naturgesetz, das uns umschwebt.
Nur der Mensch ist sein eigener Feind,
auch wenn er später es beweint.
Er zerstört, tötet, vernichtet,
ist oft keiner Moral verpflichtet.
Da lief doch gründlich etwas schief.
Ob der Schöpfer hier einiges verschlief?

Die Woche

Regen, Wind, kein Sonnenschein!
Soll das die neue Woche sein?
Das alles find ich gar nicht nett.
Wisst ihr was? Ich bleib im Bett!

Ungeduld

Ein Gärtner ist voll Ungeduld,
er kann den Frühling nicht erwarten
und weiß, dass nur der Winter schuld,
dass er nicht werkeln kann im Garten.
So blättert er durch Kataloge,
sucht Anregung für dies und das.
Pflanzen sind für ihn wie eine Droge,
er plant sie ein, das macht ihm Spaß.
So nach und nach hat er 'ne Liste,
mit Pflanzen, die er kaufen will.
Er legt den Zettel in die Kiste,
träumt von den Blüten, ist ganz still.
Wenn dann die ersten Triebe kommen,
ist er beglückt und freut sich sehr.
Ja, ja, ein Gärtner hat's unbenommen,
mitunter wirklich ganz schön schwer!

»Mach doch mal Pause«, flüstert der Garten,
»dein Rücken schmerzt, ich seh's dir an,
dort die Bank, sie wartet auf dich!«.

Ach, die Lust

Die Lust nach Lust ist so 'ne Sache,
die ich in mir gern mal entfache.
Wenn mich die Lust packt auf ein Essen,
kann ich die Arbeit ganz vergessen.
Wenn mich ein Blütenduft entzückt,
dann bin ich manchmal ganz beglückt.
Wenn Sonnenschein den Tag erleuchtet,
später der Regen die Erde befeuchtet,
dann hab ich Lust mit nackten Füßen,
im Garten jedes Grün zu grüßen.
Das Schönste doch, ich geb es zu,
ist deine Nähe, das bist du.
Wenn ich dich zärtlich sanft berühre
und deinen ruhigen Atem spüre,
bin ich zufrieden, geb mich ganz hin,
weil ich dann nur noch glücklich bin.

Wenn du das Glück kennenlernen willst,
musst du es auch einladen.
Und wenn du nicht aufpasst,
ist es unbemerkt wieder verschwunden.

Was braucht der Mensch?

Was braucht der Mensch zum Glücklichsein?
Der eine braucht ein Gläschen Wein,
der andre Liebe, Sex, Applaus,
ein weiterer will zum Tanzen raus.
Der mit nem Garten, will viel Blüten,
will nur sein Paradies behüten.
So hat ein jeder sein Verlangen
und hält damit das Glück gefangen.

Greif in die Erde

Was kümmert's dich, was gestern war,
leb heute, das ist wunderbar.
Greif in die Erde, atme die Luft,
saug ein der Blüten süßen Duft,
dann fliegen Sorgen aus dem Garten,
die Last des Alltags soll doch warten.
Du bist nun mit der Natur im Bunde,
und die Natur schließt jede Wunde.

Frau Nachbarin

Frau Nachbarin ist sehr akkurat,
weshalb sie mit Kritik nicht spart,
wenn der Wind aus unsrem Beet,
die Rosenblätter rüberweht.
Stets saugt sie Laub ein oder fegt
und denkt empört, *wie ungepflegt*,
wenn sich von uns ein Blatt hinlegt.
Und heimlich, wenn wir nicht zu Hause,
gönnt sie sich keine Atempause,
und schneidet ab, was sie so stört,
was uns natürlich sehr empört,
denn nichts, drauf achten wir ja schon,
wächst zu ihr rüber, auch kein Mohn.
Brutal schmeisst sie's über die Mauer
und ich bin stets dann voller Trauer,
egal, ob's Rosentriebe oder Efeu,
ich empfinde nur noch Abscheu.
Wie kann ein Mensch so garstig sein,
nicht umsonst ist sie allein,
denn weit und breit ist keiner in Sicht,
der überhaupt noch mit ihr spricht.
So kann der Mensch aus freien Stücken
sich selbst ins letzte Eckchen rücken.

Wenn ich sie seh, dreh ich mich weg,
bleib steh'n und rühr mich nicht vom Fleck,
sag »Guten Tag, auf Wiedersehn«,
und lass ansonsten sie dann steh'n.
Ich werde sie auch weiter meiden,
ich glaub, die kann sich selbst nicht leiden!

Heut' Nacht

Heut' Nacht, ich gesteh es nicht gern,
da war ich von der Erde fern.
Ich schwebte oben über allem,
sah alles klein und fand Gefallen,
an dem Betrachten von ganz oben.
Da musste ich mich selber loben,
es blühte, grünte rund ums Haus,
ja selbst die kleine graue Maus,
sah reizend aus aus dieser Sicht,
verschandelte den Anblick nicht.
Doch plötzlich klingelt es im Ohr
und aus war's für den Traum-Autor.
Es wurde hell, ich musste raus,
mein schöner Traum, er nahm Reißaus!

Mein Garten

Mit meinem Garten bin ich per Du,
in ihm find ich die nöt'ge Ruh,
wenn zu viel Stress den Tag bestimmt,
und mir die Fröhlichkeit wegnimmt.
Dann schau ich gern in die Rabatte,
oft mit dabei mein Ehegatte.
Zupf hier und da, schneid etwas ab,
bind Stauden an an einem Stab,
und wenn's zu trocken ist im Beet,
und wenn der Rasen frisch gemäht,
dann spritz ich mit dem Gartenschlauch,
vergess' dabei auch keinen Strauch.
Ich setz mich oft auf eine Bank,
hier ganz viel frische Luft ich tank.
Mein Garten ist für mich Erholung,
die Dependance vor meiner Wohnung.

Wenn aus einem kleinen Zweig ein neuer
Spross entsteht,
gib ihm die Chance, ein guter Freund zu werden.

Entspannt

Ich lebe still so vor mich hin,
mach alles, was der Alltag will.
Pflege den Garten, auch das Haus,
wenn's mir auch manchmal ist ein Graus.
Doch gerade als die Sonne scheint,
der Himmel blau, kein Wölkchen weint,
ist mir die Arbeit sehr egal,
ich rufe laut: »Du kannst mich mal!«,
leg mich entspannt in eine Liege,
doch plötzlich stört mich eine Fliege.
Die ist nun wirklich penetrant,
ich will sie scheuchen mit der Hand,
da kipp ich aus der Liege raus,
und mit Entspannung ist es aus!

Bevor man ernten kann, muss man säen.
Bevor es Ergebnisse gibt, muss man denken.
Bevor es Frieden gibt, muss man verhandeln.
Bevor man stirbt, muss man gelebt haben.
Bevor die Erde stirbt, muss die Sonne verglühen.

Die Natur war schon da

Die Natur, die war schon vor uns da
und wird auch nach uns bleiben.
Sie ist ganz einfach wunderbar,
wenn wir auch vieles hier vertreiben.
Lass sie in Ruhe, du wirst sehen,
wie schnell neue Grünzonen entsteh'n.
Dazu braucht es nicht mal unsere Pflege,
der Mensch ist hier oft nur im Wege.
Lass der Natur doch ihren Lauf
und nimm ein Unkraut mal in Kauf!

Bäume im Wind

Die Bäume wiegen sich im Wind.
Das nennt sich Wetter liebes Kind.
Mal regnet's oder scheint die Sonne,
das ist für mich dann pure Wonne.
So sind die Tage sehr verschieden,
ich bin damit im Grund zufrieden,
und nehme es an, so wie es ist,
wenn ich auch manchmal schimpfe »Mist!«

Gedanken

Ich sitze hier, und mach mal nix!
Ich habe schon aufgeräumt, ganz fix.
Schau einfach in das schöne Grün,
und seh' die Vögel weiterzieh'n.
Wenn nur nicht die Gedanken wären,
die mich beim Nixtun immer stören.
Wie schön wär's, gäb's hier 'nen Verwalter,
Gedanken hätten einen Schalter,
ich schalt sie ein, ich schalt sie aus,
und Ruh' wär' im Gedankenhaus!

Das Leben

Du wirst geboren, entdeckst die Welt,
Hürden werden in deinen Weg gestellt.
Du hüpfst hinüber, doch bleiben Narben,
und wieder kommt ein tiefer Graben.
Der Kampf geht weiter, Stund' für Stund',
und trotzdem war dein Leben bunt.
Die Liebe machte vieles besser,
bald kamen stillere Gewässer.
Nun wirst du alt, du brauchst nicht viel,
bald ist's vorbei, des Lebens Spiel.
Nun, soll das Paradies doch warten,
geh einfach lieber in den Garten.

Ich spür die Zeit

Ich sitz faul rum und spür die Zeit,
die, die vergangen, und die bereit,
von mir erst noch gelebt zu werden,
bevor ich mich mal leg zum Sterben.
Was mach ich draus, was soll's denn sein?
Trink ich mehr Wasser oder Wein,
mach Sport, werkel im Garten rum,
bin ich nur faul und stell mich dumm?
Tu so, als geht mich nichts was an,
lass mich bedienen von mein'm Mann
und warte auf die Lebenslust,
lass hinter mir den ganzen Frust.
Schau auf die Schönheit dieser Welt.
Was kümmert mich denn Ruhm und Geld,
schreib weiter für Euch ein Gedicht
und ignorier mein Höchstgewicht.
Ja, genau so will ich's machen,
werd die Tristesse einfach weglachen.
Ich stell mir vor, die Sonne scheint,
wenn grade auch der Himmel weint.
Na ja, jetzt putz ich mal die Küche,
dann Bad und Flur ich gründlich wische.
Und dann, dann gönn ich mir mal was,
kredenz es mir in einem Glas,
entweder eckig oder rund,
führ ich Pralinen zu dem Mund.
Lass sie ganz langsam hier vergeh'n,
ach Leute, ist das Leben schön!

Pläne

Die Fantasie grad sehr aufblüht,
für Praxis ist es noch verfrüht
Es wird erst hin- und hergedacht,
man prüft, was geht und wer's dann macht,
wälzt Kataloge, macht sich schlau,
schreibt alles auf und prüft genau,
ob's finanziell auch machbar ist.
Dann setzt man sich auch eine Frist.
Man will den Garten schnell genießen
und bald schon wieder Blumen gießen.
Wenn alles klar ist, geht es los!
Die Ärmel hoch, die Euphorie ist groß.
Und ist der Garten dann komplett,
sinkt man befriedigt in sein Bett.

Blau

Ach, ist es schön, ich muss nicht müssen,
bleib einfach liegen in meinem Kissen.
Schau raus, wie ist das Wetter heut',
ist's sonnig, mich das ziemlich freut.
Regnet es und es ist grau,
dann mach einfach weiter blau!

Arbeite an deinem Glück

Bevor man erntet, muss man säen
und darf nicht faul in Ecken stehen.
Denn nichts geschieht von ganz allein,
zum Hausbau brauchst du Stein auf Stein.
Für wahre Liebe braucht's die Treue,
und Herzensgüte stets aufs Neue,
denn alles kommt zu dir zurück,
das Gute wie das Schlechte.
Drum arbeite an deinem Glück
Verlass die schlecht gesinnten Mächte.

Matt

Ich sitze hier, bin völlig matt,
die Knochen tun mir weh.
Gegessen hab ich, bin gut satt,
ich trinke nur noch einen Tee.
Zuvor hab ich noch umgetopft,
es konnte nicht mehr warten.
Hab Erde in den Topf gestopft,
dann kam er in den Garten.
Dabei hab ich mich überschätzt,
der Topf war viel zu schwer.
Mein Rücken hat sich widersetzt,
nun ham wir das Malheur!

Wetterlagen

In meinem Innenleben gibt es Wetterlagen.
Manchmal scheint die Sonne, manchmal regnet es,
und wenn es ganz dicke kommt,
braust ein Unwetter durch die Organe.
Heute ist es windstill,
nur ein laues Lüftchen zieht durch meine Adern.
Mein Puls ist moderat, ich atme tief ein und aus,
schaue entspannt ins Grüne, sehe einem Vogel zu.
Die Dämmerung zieht hoch
und Schlagzeilen verdunkeln meine Seele.
O schöne Welt, schenk mir morgen wieder helles Licht,
damit ich meinen Optimismus nicht verliere.

Das Harz

Willst du wissen, wie es ist,
wenn du Nadelbäume küsst?
Lass es bleiben, denn das Harz,
färbt dir deine Lippen schwarz.
Willst du eine Wunde heilen,
kannst du Harz darauf verteilen,
Das Gold des Waldes hilft beim Heilen.
Du solltest dieses Wissen teilen.

Licht und Schatten

Ich schau hinaus, seh Licht und Schatten,
seh Regen, der herniederfällt.
Seh Pfützen auf den Gehwegplatten,
bis Wind den Himmel neu erhellt.
Dann seh ich hinter weißen Wolken,
wie langsam sich die Sonne zeigt.
Es ist wie's Leben, dem wir folgen,
man lacht, weint, spricht – oder man schweigt.

Regen

Manchmal find ich Regen schön,
muss nicht in den Garten geh'n,
Ausschau nach dem Unkraut halten,
meiner Pflicht als Gärtner walten.
Sitz hier trocken an mein'm Mac
mach' den großen Facebook-Check,
bei 'nem Tee in heißer Tasse.
Weisste was, das find ich klasse!

Lächle

Die Zeit vergeht, egal wie's Wetter,
persönlich find ich Sonne netter.
Was will'ste machen, so ist es halt
erst biste jung, dann wirste alt.
Das lässt sich überhaupt nicht ändern,
du solltest froh durchs Leben schlendern,
bestaun die Schönheit dieser Welt,
das kannst du haben ohne Geld.
Lächle ins Leben und spür das Glück,
denn dieser Moment kommt nie zurück.
Und wenn du lächelst, du wirst sehen,
dann kann dir niemand widerstehen.
Die Miesepeter lass links liegen,
betrachte sie mehr als läst'ge Fliegen.
Wer will schon Fliegen in seinem Haus?
Drum schmeiss die Fliegen alle raus!

Man muss nicht erst sterben,
um ins Paradies zu gelangen,
solange man einen Garten hat.

Im Schatten einer Eiche

Wenn ich dereinst in einer Urne liege,
im lichten Schatten einer Eiche,
und nur noch wenig' Kilo wiege,
weil verbrannt wurd' meine Leiche.
Ob von mir dann noch etwas bleibt?
Entflieht die Seele dann weit fort?
Ob sie wohl weiter hier umhertreibt
und wandert diesseits von Ort zu Ort?
Die Antwort kann mir keiner geben,
weil keiner kam jemals zurück.
Drum leb mit Lebenslust dein Leben;
und wirst du alt, dann hast du Glück!

Stille

Ganz plötzlich war die Stille da,
und ich, ich fand es wunderbar.
Ich sah zum Himmel, sah den Mond,
die Sterne leuchteten ganz hell.
Vom Hörnchen, das im Baum dort wohnt,
erahnte ich nur das braune Fell.
Die stille Nacht umschlang mich dunkel,
ich spürte nur mein schlagend Herz.
Am Himmel war ein prächtiges Gefunkel,
es nahm mir jeden bitt'ren Schmerz.

Wunderbar

Das Leben ist ganz wunderbar,
les' ich nicht Zeitung, das ist klar!
Lass ich die Medien außen vor,
und hör der Vögel Zwitscherchor,
spüre den Wind, der mich berührt,
seh die Natur, die mich entführt,
dann bin ich mit den Stunden eins,
dann ist das Leben wirklich meins!

Harmonie

Sieh nur, wie der Wind die Blätter bewegt,
wie sich im Rosenbeet der Regenwurm regt.
Sieh nur, die Sonne dort hinter dem Hügel,
wie sie sich spiegelt im großen Wasserkübel.
Sieh nur, wie herzhaft die Menschen hier lachen,
wie sie ulken und harmlos Blödsinn machen.
Sieh nur, wie Paare sich lieben und herzen,
wie sie auch mit ihren Kindern nett scherzen.
Das alles ist Harmonie, das alles ist Leben,
lasst uns die Freude an andere weitergeben,
damit überall auf der Welt ein jeder versteht,
dass es so friedlicher und leichter im Leben geht!

Downton Abbey

Wenn ich noch einmal wäre jung
und hätte noch den alten Schwung,
dazu viel Scheine im Tresor,
dann flüster ich es euch ins Ohr:
Ich hätt' so gern ein großes Gut.
Dazu bräucht' es nur wenig Mut,
denn ich hätt einen Gutsverwalter,
der wär' im Grund der Gestalter,
der alles richtet, erntet, sät,
dazu ne Köchin, die was brät.
Ne Zofe, die mich täglich richtet
und meine Wäsche immer sichtet.
Ist was kaputt, wird's repariert,
Maschinen werden abgeschmiert.
Ich könnt lustwandeln in dem Garten,
wo tausend Rosen auf mich warten.
Der Gärtner hätt noch zwei Gesellen,
die ständig neue Vasen aufstellen.
Wenn ich mich hoch zu Pferd umschaue
und mich am weiten Land erbaue,
steht schon der Butler vorm Portal,
das ist für mich ganz stinknormal.
Er reicht mir untertänig seine Hand.
Ich steige ab, geübt und elegant.
Nun muss ich mich erst mal erholen,

ich gähne, wirklich sehr verstohlen.
Begebe mich ins Schlafgemach,
und leg mich nieder, leg mich flach.
Dann plötzlich spür ich meine Glieder,
die Wirklichkeit, sie hat mich wieder.
Ach, liebe Zeit, ist das lang her,
nun ist es so, es fällt mir schwer,
ich komm kaum aus der Liege hoch –
ein bisschen träumen darf man doch!

Der Plan

Der Garten hat 'nen eignen Plan,
erst ist für ihn der Frühling dran.
Es keimt und grünt in allen Ecken,
nur Sommerblumen sich noch verstecken.
Doch dann im Sommer geht es los:
Alles blüht, wird üppig groß,
Zikaden zirpen, Bienen summen
und dicke Hummeln hört man brummen.

Sehen, riechen, hören …

Siehst du das Licht der Morgenröte,
du ahnst, der Himmel wird heut blau.
Siehst du die letzten Blätter fallen,
du ahnst, die Tage werden grau.
Riechst du den Duft der kalten Erde,
die Wassertropfen werden zu Eis.
Riechst du, wie Blätter sich zersetzen,
der Raureif macht sie morgens weiß.
Hörst du, wie Wintervögel singen,
die meisten sind auf Wanderschaft.
Sie flogen weg in Richtung Süden,
dort schöpfen sie dann neue Kraft.
Schmeckst du die wundervollen Früchte,
der Garten Eden hält sie bereit.
Schmeckst du das Wasser aus der Quelle,
das brauchen wir zu jeder Zeit.
Fühlst du, wenn ich dich zärtlich berühre,
dass Sorgen plötzlich leicht entschwinden.
Fühlst du, wenn unsre Herzen sich vereinen,
dass wir die Leichtigkeit des Lebens wiederfinden.
Das Leben ist so wundervoll,
du musst es nur auch sehen wollen.
Mal spielt es Dur, mal spielt es Moll,
meist spielt es für uns viele Rollen.

Inhaltsverzeichnis

Inhaltsverzeichnis

Inhaltsverzeichnis

Inhaltsverzeichnis

Liebe Leserin, lieber Leser,
danke, dass Sie meinen Gedichtband gelesen haben. Wenn Ihnen meine Gedichte gefallen haben, würde ich mich über eine positive Rezension sehr freuen!
Ich möchte die Gelegenheit nutzen, um Sie auf meine bisher erschienenen Bücher aufmerksam zu machen.

Es gibt noch zwei weitere Gedichtbände von mir im Handel. Die ersten beiden sind auch als preiswerte E-Books erhältlich..

Als Goethe in den Himmel kam
Gedichte mit einem Augenzwinkern

108 Seiten
Taschenbuch
€ 8,99
E-Book
€ 2,99

Es flogen Worte durch den Raum
Über das Leben und seine Stolpersteine
180 Seiten, Taschenbuch € 10,99, E-Book € 2,99

Und hier ein paar Romane von mir, die ebenfalls im Handel erhältlich sind:

332 Seiten
Taschenbuch € 11,99
E-Book € 2,99
Auch als Doppelband mit dem Roman »Die Toten von Ascona« zum Sonderpreis erhältlich.
Titel des Doppelbandes »Benvenuti am Lago Maggiore« zu € 16,99 bzw. € 3,99

Die Handlung spielt in Frankfurt am Main und im italienischen Cannero. Inmitten eines traumhaften Panoramas mit imponierender mediterraner Pflanzenwelt lebt oberhalb des Sees Laura Caldini in einer alten italienischen Villa. Die erfolgreiche italienische Geschäftsfrau Laura hat ihr Leben und ihre Liebhaber kontrolliert im Griff – bis zu dem Tag, an dem sie erfährt, dass deutsche Freunde aus ihrer Studienzeit in Frankfurt nicht mehr am Leben sind. Sie schreibt an die Tochter der Verstorbenen einen Brief und bittet sie um einen Besuch. Die Vergangenheit holt sie ein und lässt ihr keine Ruhe mehr. Alte Wunden brechen wieder auf und sie möchte nun ihr lang gehütetes Geheimnis lüften. Ihr bisher so ruhiges, luxuriöses Leben gerät dadurch etwas aus den Fugen, was den Aufhänger zu einer schicksalhaften Familiengeschichte bildet.

216 Seiten
Taschenbuch € 9,99
E-Book € 2,49

Auch als Doppelband mit dem Roman »Das Gift des Oleanders« zum Sonderpreis erhältlich. Titel des Doppelbandes »Benvenuti am Lago Maggiore« zu € 16,99 bzw. € 3,99

Die Geschichte spielt in Frankfurt und in Italien. Der Frankfurter Anlageberater Philipp Sandter will sein Leben neu ordnen und zieht gemeinsam mit seiner Frau Silvia an den Lago Maggiore in eine große Villa mit traumhaft schönem Seeblick. Sein Büro in Frankfurt überlässt er seiner Vertrauten Luisa, mit der ihn eine ganz besondere Beziehung verbindet. Luisa hat schlechte Nachrichten für ihn und bittet ihn, schnellstens nach Frankfurt zu kommen, weil die Staatsanwaltschaft gegen ihn ermittelt. Philipp, dessen Ehe schon seit Jahren nur noch auf dem Papier besteht, muss sich vor seiner Abreise noch Unterlagen aus seiner Villa holen. Dabei belauscht er ein Gespräch seiner Frau mit einem Unbekannten, das ihn doch sehr beunruhigt. Silvia versucht alles, um ihren hohen Lebensstandard beizubehalten. Sie hat auch schon einen Plan, wie sie an Philipps großes Vermögen kommen kann. Philipp spürt, dass Silvia etwas im Schilde führt, und ist von nun an besonders wachsam.

300 Seiten
Taschenbuch € 11,99
E-Book € 2,99

Die junge Polin Ewa verbringt ein armseliges Leben mit ihrem alkoholkranken Vater in Masuren. Nach dessen Tod und einer Scheidung, sucht sie ihr Glück in Deutschland. Sie findet nach schwierigen Anfängen bei einem alten Ehepaar einen Job als 24-Stunden-Pflegekraft.

Bald schon schließen sich weitere alte Männer aus dem Haus an und sie gründen gemeinsam den »Club der fröhlichen Oldies«. Ewa kümmert sich um sie, denn alle benötigen ihre Hilfe. Es geht im Großen und Ganzen um Alter, Pflege, Leben, Krankheit, Liebe und dennoch Spaß am Leben. Wir alle werden älter, Tag für Tag, Sekunde für Sekunde! Das Altern ist ein fortschreitender, nicht umkehrbarer biologischer Prozess, der mit dem Tod endet. Das macht das Thema für viele so unangenehm und sie blenden es gerne aus. Aber diese Tatsache lässt sich nicht verleugnen. Und dann kommt eines Tages die Zeit, in der man seinen Alltag nicht mehr allein bewältigt. Viele haben keine Verwandten, die sich kümmern könnten oder wollen. Sie streben aber nach einem eigenständigen Leben in ihrer vertrauten Umgebung. Der Roman bietet dem Leser neue Perspektiven an und entwirft ein beispielhaftes Szenario, wie man trotz geringer Rente in den eigenen vier Wänden bleiben kann.

238 Seiten
Taschenbuch € 12,99
E-Book € 3,49

Begeben Sie sich mit der Autorin auf eine Reise in die Vergangenheit. Fühlen, riechen und spüren Sie, wie es damals war und lassen Sie in Ihrer Fantasie die Kutsche vorfahren. Wir befinden uns in Frankfurt am Main und in Lissabon Anfang 1900.

Erzählt wird eine Familiengeschichte, die für die damalige Zeit außergewöhnlich war. Sophie und Johann, ein junges Frankfurter Ehepaar, das gerade erst ein Baby bekommen hat, starten mutig in ein neues Leben. Sie ziehen in ein altes Haus direkt am Tejo, mit Blick auf Lissabon. Während der Mann als technischer Direktor in der damals größten Korkfabrik Portugals mit an der Spitze der Geschäftsleitung steht, verwandelt seine junge Frau das gemeinsame Zuhause peu à peu in ein Schmuckstück mit traumhaftem Garten. Bald schon sitzen sie mit fünf Kindern um einen großen Tisch und führen ein unbeschwertes, großartiges Leben. Es ist genau so, wie Sophie es sich immer gewünscht hat. Bis zu dem Tag, als Deutschland 1916 Portugal den Krieg erklärt. Alles bricht wie ein Kartenhaus zusammen.